中华人民共和国
领事保护与协助条例

中国法制出版社

中华人民共和国领事保护与协助条例

ZHONGHUA RENMIN GONGHEGUO LINGSHI BAOHU YU XIEZHU TIAOLI

经销/新华书店

印刷/北京海纳百川印刷有限公司

开本/850 毫米×1168 毫米　32 开　　印张/0.5　字数/7 千

版次/2023 年 7 月第 1 版　　2023 年 7 月第 1 次印刷

中国法制出版社出版

书号 ISBN 978-7-5216-3752-6　　定价：5.00 元

北京市西城区西便门西里甲 16 号西便门办公区

邮政编码：100053　　传真：010-63141600

网址：http：//www.zgfzs.com　　编辑部电话：010-63141673

市场营销部电话：010-63141612　　印务部电话：010-63141606

（如有印装质量问题，请与本社印务部联系。）

目　　录

中华人民共和国国务院令

第 763 号

《中华人民共和国领事保护与协助条例》已经 2023 年 6 月 29 日国务院第 9 次常务会议通过，现予公布，自 2023 年 9 月 1 日起施行。

总理　李强

2023 年 7 月 9 日

中华人民共和国领事保护与协助条例

第一条 为了维护在国外的中国公民、法人、非法人组织正当权益，规范和加强领事保护与协助工作，制定本条例。

第二条 领事保护与协助工作坚持中国共产党的领导，坚持以人民为中心，贯彻总体国家安全观，加强统筹协调，提高领事保护与协助能力。

第三条 本条例适用于领事保护与协助以及相关的指导协调、安全预防、支持保障等活动。

本条例所称领事保护与协助，是指在国外的中国公民、法人、非法人组织正当权益被侵犯或者需要帮助时，驻外外交机构依法维护其正当权益及提供协助的行为。

前款所称驻外外交机构，是指承担领事保护与协助职责的中华人民共和国驻外国的使馆、领馆等代表机构。

第四条 外交部统筹开展领事保护与协助工作，进行国外安全的宣传及提醒，指导驻外外交机构开展领事保护与协助，协调有关部门和地方人民政府参与领事保护与协助相关工作，开展有关国际交流与合作。

驻外外交机构依法履行领事保护与协助职责，开展相关安全宣传、预防活动，与国内有关部门和地方人民政府加强沟通协调。

国务院有关部门和地方人民政府建立相关工作机制，根据各自职责参与领事保护与协助相关工作，为在国外的中国公民、法人、非法人组织提供必要协助。

有外派人员的国内单位应当做好国外安全的宣传、教育培训和有关处置工作。在国外的中国公民、法人、非法人组织应当遵守中国及所在国法律，尊重所在国宗教信仰和风俗习惯，做好自我安全防范。

第五条 外交部建立公开的热线电话和网络平台，驻外外交机构对外公布办公地址和联系方式，受理涉及领事保护与协助的咨询和求助。

中国公民、法人、非法人组织请求领事保护与协助时，应当向驻外外交机构提供能够证明其身份的文件或者相关信息。

第六条 在国外的中国公民、法人、非法人组织可以在外交部或者驻外外交机构建立的信息登记平台上预先登记基本信息，便于驻外外交机构对其提供领事保护与协助。

国务院有关部门、驻外外交机构根据领事保护与协助的需要依法共享在国外的中国公民、法人、非法人组织有关信息，并做好信息保护工作。

第七条 驻外外交机构应当在履责区域内履行领事保护与协助职责；特殊情况下，经驻在国同意，可以临时在履责区域外执行领事保护与协助职责；经第三国同意，可以在该第三国执行领事保护与协助职责。

第八条 在国外的中国公民、法人、非法人组织因正当权益被侵犯向驻外外交机构求助的，驻外外交机构应当根据相关情形向其提供维护自身正当权益的渠道和建议，向驻在国有关部门核实情况，敦促依法公正妥善处理，并提供协助。

第九条 获知在国外的中国公民、法人、非法人组织因涉嫌违法犯罪被驻在国采取相关措施的，驻外外交机构应当根据相关情形向驻在国有关部门了解核实情况，要求依法公正妥善处理。

前款中的中国公民被拘留、逮捕、监禁或者以其他方式被驻在国限制人身自由的，驻外外交机构应当根据相关情形，按照驻在国法律和我国与驻在国缔结或者共同参加的国际条约对其进行探视或者与其联络，了解其相关需求，要求驻在国有关部门给予该中国公民人道主义待遇和公正待遇。

第十条 获知驻在国审理涉及中国公民、法人、非法人组织的案件的，驻外外交机构可以按照驻在国法律和我国与驻在国缔结或者共同参加的国际条约进行旁听，并要求驻在国有关部门根据驻在国法律保障其诉讼权利。

第十一条 获知在国外的中国公民需要监护但生活处于无人照料状态的，驻外外交机构应当向驻在国有关部门通报情况，敦促依法妥善处理。情况紧急的，驻外外交机构应当协调有关方面给予必要的临时生活照料。

驻外外交机构应当将有关情况及时通知该中国公民的亲属或者国内住所地省级人民政府。接到通知的省级人民政府应当将有关情况及时逐级通知到该中国公民住所地的居民委员会、村民委员会或者民政部门。驻外外交机构和地方人民政府应当为有关人员或者组织履行监护职责提供协助。

第十二条 在国外的中国公民因基本生活保障出现困难向驻外外交机构求助的，驻外外交机构应当为其联系亲友、获取救济等提供协助。

第十三条 在国外的中国公民下落不明，其亲属向驻外外交机构求助的，驻外外交机构应当提供当地报警方式及其他获取救助的信息。

驻在国警方立案的，驻外外交机构应当敦促驻在国警方及时妥善处理。

第十四条 获知在国外的中国公民因治安刑事案件、自然灾害、意外事故等受伤的，驻外外交机构应当根据相关情形向驻在国有关部门了解核实情况，敦促开展紧急救助和医疗救治，要求依法公正妥善处理。

中国公民因前款所列情形死亡的，驻外外交机构应当为死者近亲属按照驻在国有关规定处理善后事宜提供协助，告知死者近亲属当地关于遗体、遗物处理时限等规定，要求驻在国有关部门依法公正处理并妥善保管遗体、遗物。

第十五条 驻在国发生战争、武装冲突、暴乱、严重自然灾害、重大事故灾难、重大传染病疫情、恐怖袭击等重大突发事件，在国外的中国公民、法人、非法人组织因人身财产安全受到威胁需要帮助的，驻外外交机构应当及时核实情况，敦促驻在国采取有效措施保护中国公民、法人、非法人组织的人身财产安全，并根据相关情形提供协助。

确有必要且条件具备的，外交部和驻外外交机构应当联系、协调驻在国及国内有关方面为在国外的中国公民、法人、非法人组织提供有关协助，有关部门和地方人民政府应当积极履行相应职责。

第十六条 驻外外交机构应当了解驻在国当地法律服务、翻译、医疗、殡葬等机构的信息，在中国公民、法人、非法人组织需要时提供咨询。

第十七条 在国外的中国公民、法人、非法人组织因与中介机构、旅游经营者、运输机构等产生纠纷向驻外外交机构求助的，驻外外交机构应当根据具体情况向其提供依法维护自身正当权益的有关信息和建议。

第十八条 驻外外交机构应当结合当地安全形势、法律环境、风俗习惯等情况，建立领事保护与协助工作安全预警和应急处置机制，开展安全风险评估，对履责区域内的中国公民、法人、非法人组织进行安全宣传，指导其开展突发事件应对、日常安全保护等工作。

在国外的中国法人、非法人组织应当根据所在国的安全形势，建立安全防范和应急处置机制，保障有关经费，加强安全防范教育和应急知识培训，根据需要设立专门安全管理机构、配备人员。

第十九条 外交部和驻外外交机构应当密切关注有关国家和地区社会治安、自然灾害、事故灾难、传染病疫情等安全形势，根据情况公开发布国外安全提醒。国外安全提醒的级别划分和发布程序，由外交部制定。

国务院文化和旅游主管部门会同外交部建立国外旅游目的地安全风险提示机制，根据国外安全提醒，公开发布旅游目的地安全风险提示。

国务院有关部门和地方人民政府结合国外安全提醒，根据各自职责提醒有关中国公民、法人、非法人组织在当地做好安全防范、避免前往及驻留高风险国家或者地区。

第二十条 国务院有关部门根据各自职责开展国外安全的宣传、教育培训工作，提高相关行业和人员国外安全风险防范水平，着重提高在国外留学、旅游、经商、务工等人员的安全意识和风险防范能力。

地方人民政府结合本地区在国外的中国公民、法人、非法人组织状况，加强对重点地区和群体的安全宣传及对有关人员的培训。

第二十一条 有关中国公民、法人、非法人组织应当积极关注安全提醒，根据安全提醒要求，在当地做好安全防范、避免前往及驻留高风险国家或者地区。

经营出国旅游业务的旅行社应当关注国外安全提醒和旅游目的地安全风险提示，通过出行前告知等方式，就目的地国家或者地区存在的安全风险，向旅游者作出真实说明和明确提示；通过网络平台销售的，应当在显著位置标明有关风险。

第二十二条　国家为领事保护与协助工作提供人员、资金等保障。

地方人民政府参与领事保护与协助相关工作的经费纳入预算管理。

有外派人员的国内企业用于国外安全保障的投入纳入企业成本费用。

第二十三条　驻外外交机构根据领事保护与协助工作实际需要，经外交部批准，可以聘用人员从事辅助性工作。

外交部和驻外外交机构根据工作职责要求，对从事领事保护与协助工作的驻外外交人员及其他人员进行培训。

第二十四条　国家鼓励有关组织和个人为领事保护与协助工作提供志愿服务。

国家鼓励和支持保险公司、紧急救援机构、律师事务所等社会力量参与领事保护与协助相关工作。

第二十五条　对在领事保护与协助工作中作出突出贡献的组织和个人，按照国家有关规定给予表彰、奖励。

第二十六条　中国公民、法人、非法人组织在领事保护与协助过程中，得到第三方提供的食宿、交通、医疗等物资和服务的，应当支付应由其自身承担的费用。

第二十七条　本条例自 2023 年 9 月 1 日起施行。

司法部、外交部负责人就《中华人民共和国领事保护与协助条例》答记者问

2023年7月9日，国务院总理李强签署第763号国务院令，公布《中华人民共和国领事保护与协助条例》（以下简称《条例》），自2023年9月1日起施行。日前，司法部、外交部负责人就《条例》有关问题回答了记者提问。

问：请简要介绍一下《条例》制定的背景情况？

答：党中央、国务院高度重视维护我国海外利益，保障在国外的中国公民、法人、非法人组织正当权益。领事保护与协助是在国外的中国公民、法人、非法人组织正当权益被侵犯或者需要帮助时，我国驻外外交机构代表国家依法维护其正当权益及提供协助的行为，是政府提供的一项重要公共服务，是贯彻总体国家安全观、维护人民安全的重要举措，在构建我国海外安全保护体系中发挥了重要作用。当前，我国对外交往日益扩大，“一带一路”建设不断推进，越来越多的中国公民、法人、非法人组织“走出去”，人民群众对政府提供优质公共服务的需求快速增长。同时，国际安全环境发生复杂深刻变化，各种传统安全和非传统安全问题叠加，加强领事保护与协助工作更加重要和迫切。为适应新形势新变化，有必要将实践中行之有效的做法总结提炼，制定领事保护与协助条例，进一步提高领事保护与协助工作的法治化、

制度化、规范化水平。

问：《条例》制定的总体思路是什么？

答：《条例》坚持以习近平新时代中国特色社会主义思想为指导，深入贯彻习近平法治思想、习近平外交思想，贯彻总体国家安全观，在总体思路上主要把握了以下三点：一是坚持系统思维，明确各方面职责，强调预防和处置并重；二是坚持以人民为中心，多措并举维护在国外的中国公民、法人、非法人组织正当权益；三是坚持从实际出发，尽力而为，量力而行。

问：《条例》对各方面主体在领事保护与协助中的职责、义务作了哪些规定？

答：《条例》明确了外交部、驻外外交机构、国务院有关部门、地方人民政府、有外派人员的国内单位在领事保护与协助中的职责。一是外交部统筹开展领事保护与协助工作，进行国外安全的宣传及提醒，指导驻外外交机构开展领事保护与协助，协调有关部门和地方人民政府参与领事保护与协助相关工作，开展有关国际交流与合作。二是驻外外交机构依法履行领事保护与协助职责，开展相关安全宣传、预防活动，与国内有关部门和地方人民政府加强沟通协调。三是国务院有关部门和地方人民政府建立相关工作机制，根据各自职责参与领事保护与协助相关工作，为在国外的中国公民、法人、非法人组织提供必要协助。四是有外派人员的国内单位应当做好国外安全的宣传、教育培训和有关处置工作。同时，《条例》规定在国外的中国公民、法人、非法人组织应当遵守中国及所在国法律，尊重所在国宗教信仰和风俗习惯，做好自我安全防范。

问：在国外的中国公民、法人、非法人组织什么情况下可以获得领事保护与协助？

答：《条例》规定在国外的中国公民、法人、非法人组织在正当权益被侵犯或者需要帮助时，可以通过外交部建立的热线电话和网络平台，或者向驻外外交机构寻求咨询和求助。《条例》明确在国外的中国公民、法人、非法人组织在正当权益被侵犯、涉嫌违法犯罪、无人监护、基本生活保障出现困难、下落不明、意外受伤死亡、因重大突发事件人身财产受到威胁等情形下，驻外外交机构应当提供领事保护与协助；根据不同情形，驻外外交机构可以分别向驻在国有关部门核实情况、敦促依法公正妥善处理、协调国内外有关方面提供协助、提供相关信息和建议等。

问：《条例》在加强风险防范方面作了哪些规定？

答：《条例》对信息登记、安全预警、风险评估、安全宣传和指导培训等预防性领事保护与协助及相关工作作了具体规定。一是在国外的中国公民、法人、非法人组织可以在外交部或者驻外外交机构建立的信息登记平台上预先登记基本信息以便获取帮助。二是驻外外交机构建立领事保护与协助工作安全预警和应急处置机制，开展安全风险评估，对履责区域内的中国公民、法人、非法人组织进行安全宣传，指导其开展突发事件应对、日常安全保护等工作。三是外交部和驻外外交机构应视情发布国外安全提醒；文旅部门会同外交部建立旅游目的地安全风险提示机制，根据国外安全提醒，公开发布旅游目的地安全风险提示；国务院有关部门和地方人民政府结合国外安全提醒，根据各自职责做好相关提醒。四是国务院有关部门和地方人民政府根据各自职责开展国外安全的宣传、教育培训工作，提高相关行业和人员国外安全风险防范水平，着重提高在国外留学、旅游、经商、务工等人员的安全意识和风险防范能力。五是在国外的中国法人、非法人组织应当建立安全防范和应急处置机制，保障有关经费，加强安全防范教育和应急知识培训，根据需要配备专门安全管理机构、人员；有关中国公民、法人、非法人组织应当积极关注安全提醒，做好安全防范、避免前往及驻留高风险国家或者地区；经营出国旅游业务的旅行社应当就目的地国家或者地区存在的安全风险，向旅游者作出真实说明和明确提示。

问：在对领事保护与协助工作提供必要保障方面，《条例》做了哪些规定？

答：《条例》完善了各方面对领事保护与协助的支持保障，一是规定国家为领事保护与协助工作提供人员、资金等保障；地方人民政府参与领事保护与协助相关工作的经费纳入预算管理；有外派人员的国内企业用于国外安全保障的投入纳入企业成本费用。二是规定国家鼓励有关组织和个人为领事保护与协助工作提供志愿服务，鼓励和支持保险公司、紧急救援机构、律师事务所等社会力量参与领事保护与协助工作。三是规定对在领事保护与协助工作中作出突出贡献的组织和个人给予表彰、奖励。

问：为确保《条例》顺利实施，下一步将开展哪些工作？

答：《条例》是对我国领事保护与协助做出系统规范的行政法规，也是维护我国海外利益的行政法规，为确保《条例》顺利实施，下一步将重点加强三方面工作：一是以“境外中国公民和机构安全保护工作部际联席会议”为依托，不断完善中央、地方、驻外使领馆、企业和公民相互联动的领事保护机制建设，积极打造海外平安中国。二是进一步强化安全预警、风险评估、预防宣传和应急处置等各环节工作，坚决维护好在国外的中国公民、法人、非法人组织的正当权益。三是积极开展法治宣传，引导人民群众正确、理性看待领事保护与协助工作，不断提升海外安全风险防范意识，提高自我保护能力。